LOI

SUR

L'ADMINISTRATION DE L'ARMÉE

PROMULGUÉE LE 16 MARS 1882

TEXTE RECTIFIÉ EN VERTU DES DISPOSITIONS DE LA LOI DU 1er JUILLET 1889

(AUTONOMIE COMPLÈTE DU SERVICE DE SANTÉ)

3e ÉDITION

ANNOTÉE ET MISE A JOUR

PARIS	LIMOGES
11, Place Saint-André-des-Arts.	46, Nouvelle Route d'Aixe, 46.

Henri CHARLES-LAVAUZELLE

Éditeur militaire.

1896

LOI DU 16 MARS 1882

SUR

L'ADMINISTRATION DE L'ARMÉE

LOI

SUR

L'ADMINISTRATION DE L'ARMÉE

PROMULGUÉE LE 16 MARS 1882

TEXTE RECTIFIÉ EN VERTU DES DISPOSITIONS DE LA LOI DU 1er JUILLET 1889

(AUTONOMIE COMPLÈTE DU SERVICE DE SANTÉ)

3e ÉDITION

ANNOTÉE ET MISE A JOUR

PARIS || **LIMOGES**
11, PLACE SAINT-ANDRÉ-DES-ARTS. || 46, NOUVELLE ROUTE D'AIXE, 46.

HENRI CHARLES-LAVAUZELLE

Éditeur militaire.

1896

LOI DU 16 MARS 1882

SUR

L'ADMINISTRATION DE L'ARMÉE

Le Sénat et la Chambre des députés ont adopté,

Le Président de la République promulgue la loi dont la teneur suit :

TITRE PREMIER.

DISPOSITIONS GÉNÉRALES.

Art. 1er. Le Ministre de la guerre est le chef responsable de l'administration de l'armée.

Art. 2. L'administration de l'armée comprend :
Le service de l'artillerie ;
Le service du génie ;
Le service de l'intendance ;
Le service des poudres et salpêtres ;
Le service de santé.

L'administration intérieure des corps de troupe et des établissements considérés comme tels est assujettie à des règles spéciales déterminées au titre IV de la présente loi.

Le service de la trésorerie et des postes aux armées, qui relève directement du commandement, fait l'objet d'un règlement spécial entre le Ministre de la guerre et les Ministres compétents.

Art. 3. Le principe général de l'organisation des services ci-dessus énumérés est la séparation en :

Direction ;
Gestion ou exécution ;
Contrôle.

La direction ne participe pas aux actes de la gestion qui lui est soumise. Le contrôle ne prend part ni à la direction ni à la gestion et ne relève que du Ministre.

Art. 4. La délégation des crédits est faite par le Ministre aux directeurs des services, qui sont chargés de l'ordonnancement des dépenses (1).

Dans le service de l'intendance, les directeurs ont la faculté de sous-déléguer tout ou partie de leurs crédits aux fonctionnaires de l'intendance soumis à leur direction.

Art. 5. En cas de formation d'armée, la délégation des crédits est faite, pour tous les services, à l'intendant de l'armée, lequel les sous-délègue, sur l'ordre du général en chef, et au fur et à mesure des besoins, aux directeurs des services de l'armée ou des corps d'armée.

Art. 6. Les directeurs des services exercent une surveillance permanente sur toutes les opérations du personnel de leur service.

Ils s'assurent de la régularité de toutes les dépenses qu'ils sont chargés d'ordonnancer ou d'approuver. Ils procèdent ou font procéder, à cet effet, aux revues d'effectif et de recensements de matériel, aux inventaires et aux autres moyens de vérification prévus par les règlements ou prescrits, soit par le Ministre, soit par le général commandant le corps d'armée.

TITRE II.

ÉTABLISSEMENTS ET SERVICES SPÉCIAUX.

Art. 7. Conformément à l'article 14 de la loi du 24 juillet 1873 et à l'article 11 de la loi du 13 mars 1875, les établissements et services spéciaux destinés à assurer la défense générale du pays ou à pourvoir aux besoins généraux des armées sont placés sous l'autorité immédiate du Ministre de la guerre.

Le Ministre dispose seul du matériel et des approvisionnements emmagasinés dans ces établissements.

Les officiers et fonctionnaires qui les dirigent sont, en ce qui concerne ce service spécial, sous les ordres exclusifs du Ministre et correspondent directement avec lui.

Art. 8. Les établissements et services spéciaux mentionnés au présent titre seront déterminés par un règlement d'administration publique.

---

(1) Un paragraphe supprimé par l'article 1er de la loi du 1er juillet 1889, était ainsi conçu :

« Il est fait exception pour le service de santé, dont les crédits sont reçus et les dépenses ordonnancées par le service de l'intendance, ainsi qu'il est dit à l'article 18 de la présente loi.

TITRE III.

ARMÉES, CORPS D'ARMÉE, DIVISIONS ET BRIGADES.

Art. 9. Conformément au même article 14 de la loi précitée, dans chaque région, le commandant de corps d'armée a, sous son commandement, le territoire, les forces de l'armée active, de la réserve, de l'armée territoriale et de sa réserve, ainsi que tous les services et établissements affectés à ces forces.

Il est, sous l'autorité supérieure du Ministre, le chef responsable de l'administration dans son corps d'armée.

Les directeurs des services sont sous ses ordres immédiats ; ils ne peuvent correspondre avec le Ministre que par l'intermédiaire du général, à moins qu'ils n'aient à transmettre les ordres écrits prévus à l'article 11 de la présente loi ou, exceptionnellement, à répondre à des demandes qu'ils auraient reçues directement du Ministre ; dans ce cas, ils avisent le commandant du corps d'armée.

Dans tous les autres cas, la correspondance échangée entre le Ministre et les directeurs des services doit être transmise en original par le commandant de corps d'armée, qui l'accompagne, s'il y a lieu, de ses instructions et de ses observations, selon le cas.

Toutefois les pièces comptables, statistiques et autres ne comportant qu'une lettre d'envoi ou un bordereau, sans discussion d'affaires, sont échangées entre le Ministre et les directeurs, sans passer par l'intermédiaire du commandant du corps d'armée.

Les directeurs des services correspondent librement entre eux et avec leurs subordonnés.

Art. 10. Le commandant du corps d'armée a le devoir :

De prévoir et exposer au Ministre, en temps opportun, les besoins du corps d'armée ;

De donner, quand il y a lieu, l'ordre de pourvoir et de distribuer, suivant les besoins et les ressources, conformément aux règlements et dans les limites des allocations accordées par le Ministre ;

De veiller à ce que les troupes du corps d'armée soient pourvues de tout ce qui leur est alloué par les règlements et les décisions ministérielles ;

De s'assurer que les approvisionnements des magasins du corps d'armée sont au complet déterminé par le Ministre, en bon état d'entretien et disponibles pour l'entrée en service ;

De tenir la main à ce que les lois et règlements soient exactement appliqués dans tous les services.

Art. 11. Les généraux commandant les corps d'armée ne peuvent, en dehors des cas prévus par les ordonnances, décrets et règlements, prescrire aucune mesure pouvant entraîner des dépenses pour l'Etat, sauf dans les circonstances urgentes ou de force majeure.

Ils doivent, dans ce cas, donner leurs ordres par écrit sous leur responsabilité, même pécuniaire, et en rendre compte immédiatement au Ministre.

Les directeurs des services sont tenus, après observation, d'obtempérer à ces ordres dont ils transmettent, de leur côté, une copie au Ministre.

Indépendamment de la responsabilité du général, les directeurs peuvent être rendus responsables par le Ministre, même pécuniairement, de tout ordonnancement ou de toute distribution non prévus par les règlements, pour lesquels l'ordre écrit mentionné ci-dessus ne leur aurait pas été délivré.

Art. 12. Les généraux commandant les divisions et les brigades sont, en vertu de l'article 18 de la loi du 13 mars 1875, investis du commandement territorial des subdivisions de région correspondantes, sous l'autorité supérieure du commandant du corps d'armée.

Ils remplissent, à l'égard de leurs troupes et des établissements et services desdites subdivisions, les devoirs de surveillance indiqués aux trois derniers paragraphes de l'article 10.

Les généraux commandant les divisions et les brigades non endivisionnées doivent exposer, en temps opportun, au commandant du corps d'armée, les besoins de leur division ou de leur brigade.

Ils peuvent, en dehors des cas prévus par les ordonnances, décrets et règlements, donner l'ordre de pourvoir et de distribuer, sans l'autorisation préalable du commandant de corps d'armée, mais seulement dans le cas d'urgence ou de force majeure. Ils doivent alors donner cet ordre par écrit, sous leur responsabilité, même pécuniaire, et en rendre compte immédiatement au commandant du corps d'armée qui en avise à son tour le Ministre.

Art. 13. Les chefs de service dans les divisions sont sous les ordres des généraux commandant ces divisions.

Ils reçoivent directement de leurs chefs hiérarchiques, à savoir les directeurs des services auprès du commandant du corps d'armée, les instructions relatives à la comptabilité, à l'exécution technique du service et aux détails d'ordre intérieur.

Ils transmettent au Ministre, par l'intermédiaire de leur directeur, la copie des ordres écrits prévus à l'article précédent et auxquels ils sont tenus d'obtempérer dans les conditions indiquées à l'article 11.

Ils ne s'adressent directement au Ministre que dans les cas exceptionnels où ils ont à répondre à ses demandes directes; ils avisent alors leurs directeurs et le général sous les ordres duquel ils sont placés.

Dans les subdivisions de région où le service de l'intendance est assuré par un fonctiounaire autre que celui de la division, ce fonctionnaire est placé, en ce qui concerne les services de la mobilisation, sous les ordres du général de brigade commandant ces subdivisions.

Dans les divisions et brigades opérant isolément, les généraux pourvus d'une lettre de commandement ont, à l'égard des chefs de service, les mêmes attributions que celles des commandants de corps d'armée à l'égard des directeurs.

Art. 14. En cas de formation d'armée, le Ministre délègue ses pouvoirs administratifs, dans les limites nécessaires, au général en chef de l'armée, lequel représente alors le Ministre vis-à-vis des commandants de corps d'armée.

Le général en chef est assisté, dans l'administration de son armée, par des chefs supérieurs de service avec lesquels les directeurs des corps d'armée correspondent dans les mêmes limites qu'avec le Ministre en temps de paix. Ces chefs supérieurs exercent, au nom du général en chef, la haute surveillance et l'inspection technique des services dans les corps d'armée.

Art. 15. Dans les places investies, le gouverneur ou commandant de la défense exerce une autorité absolue sur tous les services.

Dispositions générales du service de santé.

Art. 16. Les directeurs du service de santé dans les corps d'armée, ainsi que les chefs du service de santé dans les hôpitaux et ambulances sont pris parmi les membres du corps de santé militaire (1).

Les rapports de ces fonctionnaires entre eux et avec le commandement et les autres services sont réglés par les articles qui précèdent.

Ils ont, en ce qui concerne l'exécution du service de santé, autorité sur tout le personnel militaire et civil, attaché d'une manière permanente ou temporaire à leur service. Ils donnent des ordres en conséquence aux pharmaciens, aux officiers d'administration et aux infirmiers des hôpitaux et ambulances, ainsi qu'aux troupes des équipages militaires et aux hommes de troupe (2) momentanément détachés auprès d'eux pour assurer le service de santé. Les infirmiers et troupes ainsi détachés relèvent de leurs chefs de corps respectifs, en ce qui concerne l'administration, la police et la discipline intérieures du corps.

Les prescriptions du directeur ou des chefs du service de santé sont exécutoires par le personnel chargé de la gestion, dans les limites des règlements et des tarifs. Ils peuvent, dans les cas ur-

---

(1) L'ancien texte portait du « corps des médecins militaires. »
(2) L'ancien texte portait « et autres. »

gents, prescrire, sous leur responsabilité, même pécuniaire, des dépenses non prévues par les règlements ; mais, en ce cas, ils donnent leurs ordres par écrit, et en préviennent immédiatement le commandement (1).

Art. 17. Les pharmaciens et officiers d'administration, chargés d'exécuter les ordres du directeur ou des chefs du service de santé, peuvent être rendus pécuniairement responsables du montant des dépenses non prévues par les règlements, pour lesquelles l'ordre écrit susmentionné ne leur aurait pas été délivré.

Les directeurs du service de santé, dans les corps d'armée, ordonnancent toutes les dépenses de ce service. Ces directeurs, ainsi que les médecins chefs de service, vérifient la gestion en deniers et en matières des pharmaciens et officiers d'administration ; ils leur donnent directement des instructions pour la bonne tenue des écritures et l'observation des lois et règlements sur la comptabilité.

Le service de santé est également chargé, sous l'autorité du commandement, d'assurer la fourniture du matériel et des approvisionnements nécessaires aux hôpitaux et aux ambulances (2).

Art. 19. Dans les corps de troupes, le chef du service de santé n'exerce son autorité qu'au point de vue technique, en ce qui concerne l'hygiène et la science médicale. L'action administrative appartient au personnel chargé de l'administration intérieure des corps de troupe, ainsi qu'il est dit au titre ci-après.

Art. 20. L'organisation du service spécial et distinct de santé, auprès du Ministre de la guerre, en conformité de la présente loi, sera réglée par un décret.

TITRE IV.

ADMINISTRATION INTÉRIEURE DES CORPS DE TROUPE ET DES ÉTABLISSEMENTS CONSIDÉRÉS COMME TELS.

Art. 21. L'administration intérieure des corps de troupe et des établissements considérés comme tels est dirigée par un conseil d'administration que préside le chef de corps.

---

(1) La loi du 1er juillet a supprimé le paragraphe reproduit ci-après :

« Ils surveillent le matériel et les magasins d'hôpitaux et d'ambulance ; ils s'assurent que les approvisionnements sont au complet déterminé par le Ministre, en bon état d'entretien et disponibles pour le service. Ils rendent compte au commandement et lui font connaître leurs besoins. »

(2) Article modifié par la loi du 1er juillet 1889. L'article 18 était libellé comme il suit dans le texte primitif :

« Art. 18. Le service de l'intendance ordonnance, ainsi qu'il est dit à l'article 4, toutes les dépenses du service de santé. Il vérifie la gestion en deniers et en matières des pharmaciens et officiers d'administration, et leur donne

Le chef de corps et le conseil d'administration sont solidairement responsables envers l'Etat.

Art. 22. La gestion est confiée à des officiers qui font partie du conseil d'administration, mais n'ont que voix consultative sur les questions concernant leur propre gestion.

Ces officiers sont responsables envers le conseil d'administration.

Art. 23. Les dépenses en deniers et en matières effectuées sur la caisse ou les magasins du corps, en vertu des décisions du conseil d'administration, sont vérifiées et régularisées dans les formes voulues par le service de l'intendance.

Art. 24. Les compagnies ou sections formant corps sont administrées par leurs chefs responsables envers l'Etat.

Les dépenses sont, comme en l'article précédent, vérifiées et régularisées par le service de l'intendance.

TITRE V.

CONTROLE DE L'ADMINISTRATION DE L'ARMÉE.

Art. 25. Le contrôle de l'administration de l'armée est exercé par un personnel spécial ne relevant que du Ministre.

Il a pour objet de sauvegarder les intérêts du Trésor et les droits des personnes, et de constater dans les services l'observation des lois, ordonnances, décrets, règlements et décisions ministérielles qui en régissent le fonctionnement administratif.

Il s'exerce indistinctement dans les corps d'armée (artillerie, génie, intendance, poudres et salpêtres, services hospitaliers, corps de troupe et établissements considérés comme tels) et dans les établissements et services spéciaux placés sous l'autorité directe du Ministre.

Art. 26. Les contrôleurs agissent comme délégués directs du Ministre.

Ils procèdent, soit par des vérifications sur pièces, soit par des inspections inopinées. Ils se présentent, sans avis préalable, à l'autorité militaire du lieu où ils veulent accomplir leur mandat; celle-ci donne, sur leur demande, tous les ordres nécessaires pour les revues d'effectif, et nomme des commissions d'officiers et de fonctionnaires pour les assister dans le recensement du matériel et des approvisionnements de tous genres.

---

directement des instructions pour la bonne tenue des écritures et l'observation des lois et règlements sur la comptabilité.

» Le service de l'intendance est également chargé, sous l'autorité du commandement, de fournir le matériel et les approvisionnements nécessaires aux hôpitaux et aux ambulances. »

Ils adressent leurs rapports au Ministre de la guerre. Ils constatent les suites données à leurs observations précédentes par les services compétents. Ils proposent toutes mesures qu'ils jugeraient utiles pour faire disparaître les abus ou pour simplifier et améliorer le fonctionnement administratif des services.

Indépendamment de leurs inspections, les contrôleurs peuvent être chargés par le Ministre, en temps de paix comme en temps de guerre, de toutes études ou missions intéressant le bon ordre des finances et la régularité de l'administration dans l'armée.

Un décret déterminera le fonctionnement du contrôle et instituera un service distinct au ministère de la guerre.

TITRE VI.

PERSONNEL.

CHAPITRE PREMIER.

SERVICES DE L'ARTILLERIE, DU GÉNIE ET DES POUDRES ET SALPÊTRES.

Art. 27. L'organisation des personnels de l'artillerie, du génie et des poudres et salpêtres, au point de vue administratif, est réglée par les lois, ordonnances ou décrets spéciaux.

Les ingénieurs des poudres et salpêtres jouissent des bénéfices de la loi du 19 mai 1834 sur l'état des officiers. Ils ont une hiérarchie propre, ne comportant aucune assimilation avec les grades de l'armée.

Les dispositions de l'article 32 de la présente loi, relatives à la hiérarchie et à la situation des officiers d'administration, sont applicables aux gardes d'artillerie et aux adjoints du génie.

CHAPITRE II.

SERVICE DE L'INTENDANCE MILITAIRE.

SECTION Ire.

CORPS DE L'INTENDANCE MILITAIRE.

Art. 28. Le corps de l'intendance militaire a une hiérarchie propre, réglée ainsi qu'il suit :

Adjoint à l'intendance militaire,
Sous-intendant militaire de 3e classe,
Sous-intendant militaire de 2e classe,
Sous-intendant militaire de 1re classe,
Intendant militaire,
Intendant général.

Ces grades correspondent à ceux de la hiérarchie militaire, savoir :

Le grade d'adjoint à l'intendance militaire, à celui de capitaine;

Le grade de sous-intendant militaire de 3e classe, à celui de chef de bataillon;

Le grade de sous-intendant militaire de 2e classe, à celui de lieutenant-colonel ;

Le grade de sous-intendant militaire de 1re classe, à celui de colonel ;

Le grade d'intendant militaire, à celui de général de brigade ;

Le grade d'intendant général, à celui de général de division.

Cette correspondance de grade ne modifie point la situation, dans la hiérarchie générale et dans le service, qui est faite aux fonctionnaires de l'intendance par les ordonnances, décrets et règlements.

Les fonctionnaires de l'intendance jouissent des bénéfices de la loi du 19 mai 1834 sur l'état des officiers.

Le cadre constitutif du corps est fixé conformément au tableau A, annexé à la présente loi.

Art. 29. Le corps de l'intendance se recrute parmi les capitaines, les chefs de bataillon, chefs d'escadrons et majors de toutes armes, ainsi que parmi les officiers d'administration attachés aux services de l'habillement et du campement, des subsistances, des hôpitaux et des bureaux de l'intendance.

L'admission aura lieu à la suite d'un concours dont les conditions seront déterminées par le Ministre de la guerre. Toutefois, ne pourront prendre part à ce concours que les officiers d'administration de 2e et de 1re classe et les officiers d'administration principaux.

Art. 30. Les cadres de l'intendance militaire sont temporairement complétés, en cas de mobilisation, par des fonctionnaires de l'intendance de réserve et de l'armée territoriale, qui rempliront les conditions déterminées par un règlement ministériel.

Art. 31. La fonction donne aux membres de l'intendance militaire, quel que soit leur grade, toute autorité pour l'exercice des attributions qui leur sont conférées.

Les adjoints sont employés exclusivement, en temps de paix, à des travaux dans les bureaux de sous-intendants ou intendants et ne peuvent, en aucune circonstance, exercer en titre les fonctions de chefs de service.

SECTION II.

OFFICIERS D'ADMINISTRATION DU SERVICE DE L'INTENDANCE.

Art. 32. Le personnel des officiers d'administration du service de l'intendance forme un corps distinct.

Il a une hiérarchie propre, réglée ainsi qu'il suit :

Officier d'administration adjoint de 2e classe ;
Officier d'administration adjoint de 1re classe ;
Officier d'administration de 2e classe ;
Officier d'administration de 1re classe ;
Officier d'administration principal.

Les officiers d'administration jouissent des bénéfices de la loi du 19 mai 1834, sur l'état des officiers.

Art. 33. Les officiers d'administration du service de l'intendance sont répartis en trois sections, savoir :

1° Officiers d'administration des bureaux de l'intendance ;
2° Officier d'administration des subsistances ;
3° Officiers d'administration de l'habillement et du campement.

Les officiers des trois sections peuvent être employés dans l'un ou l'autre de ces services, suivant les décisions du Ministre.

Le cadre constitutif du corps est fixé conformément aux tableaux B, C, D, annexés à la loi du 16 mars 1882 (1).

Art. 34. Les officiers d'administration adjoints de 2e classe se recrutent exclusivement parmi les adjudants-élèves d'administration ayant servi au moins un an dans cet emploi.

Les adjudants-élèves d'administration se recrutent parmi les élèves stagiaires de l'Ecole d'administration. L'admission à cette école a lieu à la suite d'un concours.

Art. 35. En cas de mobilisation, les cadres des officiers d'administration sont complétés par des officiers d'administration de réserve et de l'armée territoriale, qui rempliront les conditions déterminées par un règlement ministériel.

Art. 36. Les dispositions de l'article 32 sont applicables aux officiers d'administration de la justice militaire.

---

(1) La loi du 1er juillet 1889 a supprimé une section, celle des officiers d'administration des hôpitaux.

CHAPITRE III.

Art. 37. Le corps de santé militaire comprend des médecins et des pharmaciens :

Il a une hiérarchie propre, savoir :

Médecin ou pharmacien aide-major de 2º classe ;
Médecin ou pharmacien aide-major de 1ʳᵉ classe ;
Médecin ou pharmacien-major de 2ᵉ classe ;
Médecin ou pharmacien-major de 1ʳᵉ classe ;
Médecin ou pharmacien principal de 2ᵉ classe ;
Médecin ou pharmacien principal de 1ʳᵉ classe ;
Médecin ou pharmacien inspecteur ;
Médecin inspecteur général.

Ces grades correspondent à ceux de la hiérarchie militaire, savoir :

Médecin ou pharmacien aide-major de 2ᵉ classe, à celui de sous-lieutenant ;

Médecin ou pharmacien aide-major de 1ʳᵉ classe, à celui de lieutenant ;

Médecin ou pharmacien-major de 2ᵉ classe, à celui de capitaine ;

Médecin ou pharmacien-major de 1ʳᵉ classe, à celui de chef de bataillon ;

Médecin ou pharmacien principal de 2ᵉ classe, à celui de lieutenant-colonel ;

Médecin ou pharmacien principal de 1ʳᵉ classe, à celui de colonel ;

Médecin ou pharmacien inspecteur, à celui de général de brigade ;

Médecin inspecteur général, à celui de général de division.

Cette correspondance de grade ne modifie point la situation, dans la hiérarchie générale et dans le service, qui est faite aux membres du corps de santé.

Les médecins et pharmaciens militaires jouissent des bénéfices de la loi du 19 mai 1834, sur l'état des officiers.

Le cadre consécutif du corps est fixé conformément aux tableaux F et G, annexés à la présente loi.

Art. 38. Les médecins et pharmaciens aides-majors de 2ᵉ classe se recrutent parmi les élèves du service de santé militaire. Leur position, au point de vue de leurs obligations du service militaire, est réglée par les lois sur le recrutement.

Art. 39. En cas de mobilisation, le cadre du corps de santé militaire est complété par des médecins et pharmaciens de réserve et de l'armée territoriale, qui rempliront les conditions spécifiées par un règlement ministériel.

Art. 40. Il est créé, auprès du Ministre de la guerre, un comité consultatif de santé, composé de médecins inspecteurs et du pharmacien inspecteur.

Art. 40 *bis*. Le personnel des officiers d'administration du service des hôpitaux forme un corps distinct dont le cadre constitutif est fixé conformément au tableau E, annexé à la loi du 16 mars 1882.

Ce corps a une hiérarchie propre, conforme à celle définie par l'article 32 pour les officiers d'administration du service de l'intendance.

Les officiers d'administration du service des hôpitaux se recrutent d'après les règles fixées par l'article 34.

En cas de mobilisation les cadres des officiers d'administration du service des hôpitaux sont complétés par des officiers d'administration de réserve et de l'armée territoriale qui rempliront les conditions déterminées par un règlement ministériel (1).

CHAPITRE IV.

SECTIONS D'INFIRMIERS ET TROUPES D'ADMINISTRATION.

Art. 41. Les sections d'infirmiers militaires sont au nombre de 25.

Le nombre des sections de commis et ouvriers militaires d'administration est également de 25.

Le Ministre détermine, d'après les besoins de chaque corps d'armée, les effectifs et les cadres de chaque section.

Les sections sont commandées et administrées par un officier d'administration de leur service.

En ce qui concerne la police et la discipline intérieure des corps, les sections d'infirmiers militaires sont placées sous l'autorité supérieure des médecins militaires chefs du service de santé, et les sections de commis et ouvriers militaires d'administration, sous celles des fonctionnaires de l'intendance, chefs des services administratifs (2).

Les sous-officiers des sections d'infirmiers, de commis et ouvriers d'administration concourent avec les sous-officiers des corps de troupe d'infanterie pour l'admission à l'École militaire d'infanterie de Saint-Maixent.

---

(1) L'article 40 *bis* a été joint par la loi du 1er juillet 1889.

(2) Ce paragraphe, modifié par la loi du 1er juillet 1889, était libellé comme il suit :

« Ces diverses sections sont placées, en ce qui concerne la police et la discipline intérieure des corps, sous l'autorité supérieure des fonctionnaires de l'intendance, chefs des services administratifs. »

CHAPITRE V.

CORPS DU CONTROLE DE L'ADMINISTRATION DE L'ARMÉE.

Art. 42. Le corps du contrôle, créé par la présente loi, a une hiérarchie propre, ne comportant aucune assimilation avec les grades de l'armée. Toutefois ses membres jouissent des bénéfices de la loi du 19 mai 1834, sur l'état des officiers.

Cette hiérarchie est ainsi réglée :

Contrôleur adjoint ;
Contrôleur de 2e classe ;
Contrôleur de 1re classe ;
Contrôleur général de 2e classe ;
Contrôleur général de 1re classe.

Les adjoints sont attachés aux contrôleurs et ne peuvent exercer en titre les fonctions de ceux-ci.

Le cadre constitutif de ce corps est fixé conformément au tableau H, annexé à la présente loi.

Les lois et décrets relatifs aux pensions militaires sont applicables à ses membres, et le taux de leurs pensions est déterminé par le tarif I, annexé à la présente loi.

Art. 43. Les membres du corps du contrôle sont recrutés, savoir :

Pour la formation :

Les contrôleurs généraux de 1re classe, parmi les généraux de division et les intendants généraux inspecteurs, sans condition d'ancienneté de grade, ainsi que parmi les généraux de brigade et les intendants militaires ayant au moins deux années de grade.

Les contrôleurs généraux de 2e classe, parmi les généraux de brigade et les intendants militaires, sans condition d'ancienneté, ainsi que parmi les colonels de toutes armes, et les sous-intendants militaires de 1re classe ayant au moins trois années de grade ;

Les contrôleurs de 1re classe, parmi les colonels de toutes armes et les sous-intendants militaires de 1re classe, sans condition d'ancienneté ainsi que parmi les lieutenants-colonels de toutes armes et les sous-intendants militaires de 2e classe ayant au moins deux années de grade ;

Les contrôleurs de 2e classe, parmi les lieutenants-colonels de toutes armes et les sous-intendants militaires de 2e classe, sans condition d'ancienneté, ainsi que parmi les chefs de bataillon, chefs d'escadrons, majors de toutes armes, et les sous-intendants militaires de 3e classe portés au tableau d'avancement.

Après la formation :

Le corps du contrôle se recrute, pour le grade de contrôleur adjoint, par voie de concours, parmi les chefs de bataillon, chefs d'escadrons ou majors de toutes armes, et les sous-intendants de 3e classe, ayant au moins deux ans de grade, ainsi que parmi les capitaines de toutes armes ayant au moins quatre années de grade et remplissant les conditions voulues pour l'avancement.

Peuvent, en outre, dans les conditions déterminées par le Ministre de la guerre, sur la proposition des inspecteurs généraux d'armes et sur la présentation des contrôleurs généraux de l'administration, être admis dans une proportion qui ne pourra excéder un cinquième des vacances :

1o A l'emploi de contrôleur général de 2e classe, les généraux de brigade et les intendants militaires ;

2o A l'emploi de contrôleur de 1re classe, les colonels et les sous-intendants militaires de 1re classe ;

3o A l'emploi de contrôleur de 2e classe, les lieutenants-colonels et les sous-intendants militaires de 2o classe.

L'avancement dans le corps du contrôle a lieu exclusivement au choix d'après les listes d'aptitude dressées par une commission composée de contrôleurs généraux de l'administration de l'armée.

Trois années d'ancienneté dans chaque grade sont exigées pour passer au grade supérieur.

CHAPITRE VI.

HONNEURS ET PRÉSÉANCES (1).

Art. 44. Les honneurs et préséances des membres du corps du contrôle, du corps de l'intendance militaire et du corps de santé militaire, des pharmaciens, officiers d'administration et autres agents et fonctionnaires des divers services administratifs de l'armée, seront réglés par un décret.

TITRE VII.

DISPOSITIONS FINALES.

Art. 45. Des décrets et des règlements ministériels pourvoiront à la complète exécution des dispositions contenues dans la présente loi.

Art. 46. Sont abrogées, toutes les dispositions des lois, ordonnances, décrets et règlements contraires à la présente loi.

---

(1) Voir l'ouvrage *Fêtes et cérémonies, honneurs militaires, honneurs civils*, prix : 2 francs. — H. Charles-Lavauzelle, éditeur.

La présente loi, délibérée et adoptée par le Sénat et par la Chambre des députés sera exécutée comme loi de l'Etat.

Fait à Paris, le 1er juillet 1889 (1).

CARNOT.

Par le Président de la République :

Le Ministre de la guerre,
DE FREYCINET.

____

(1) La loi modifiée portait la date du 16 mars 1882, la signature du président Grévy et le contre-seing du Ministre de la guerre, général Billot.

TABLEAUX ANNEXÉS

A LA LOI SUR L'ADMINISTRATION DE L'ARMÉE

TABLEAU A.

Cadre du corps de l'intendance militaire.

Intendants généraux	7
Intendants militaires	30
Sous-intendants militaires de 1re classe	90
Sous-intendants militaires de 2e classe	100
Sous-intendants militaires de 3e classe	110
Adjoints à l'intendance	50
	387

TABLEAU B.

Cadre des officiers d'administration des bureaux de l'intendance militaire.

Officiers d'administration principaux	22
Officiers d'administration de 1re classe	88
Officiers d'administration de 2e classe	88
Officiers d'administration adjoints de 1re classe	176
Officiers d'administration adjoints de 2e classe	176
	550

TABLEAU C.

Cadre des officiers d'administration du service des subsistances militaires.

Officiers d'administration principaux	22
Officiers d'administration de 1re classe	88
Officiers d'administration de 2e classe	88
Officiers d'administration adjoints de 1re classe	176
Officiers d'administration adjoints de 2e classe	176
	550

TABLEAU D.

Cadre des officiers d'administration du service de l'habillement et du campement.

Officiers d'administration principaux	5
Officiers d'administration de 1re classe	18
Officiers d'administration de 2e classe	18
Officiers d'administration adjoints de 1re classe	37
Officiers d'administration adjoints de 2e classe	37
	115

TABLEAU E.

Cadre des officiers d'administration du service des hôpitaux militaires.

Officiers d'administration principaux 14
Officiers d'administration de 1re classe 56
Officiers d'administration de 2e classe 56
Officiers d'administration adjoints de 1re classe 112
Officiers d'administration adjoints de 2e classe 112
____
350

TABLEAU F.

Cadre du corps des médecins militaires.

Médecin inspecteur général 1
Médecins inspecteurs 9
Médecins principaux de 1re classe 45
Médecins principaux de 2e classe 45
Médecins-majors de 1re classe 320
Médecins-majors de 2e classe 480
Médecins aides-majors de 1re classe 300
Médecins aides-majors de 2e classe 100
____
1.300

TABLEAU G.

Cadre du corps des pharmaciens militaires.

Pharmacien inspecteur 1
Pharmaciens principaux de 1re classe 6
Pharmaciens principaux de 2e classe 6
Pharmaciens-majors de 1re classe 46
Pharmaciens-majors de 2e classe 68
Pharmaciens aides-majors de 1re classe 43
Pharmaciens aides-majors de 2e classe 15
____
185

TABLEAU H.

Cadre du corps de contrôle de l'administration de l'armée.

Contrôleurs généraux de 1re classe 8
Contrôleurs généraux de 2e classe 12
Contrôleurs de 1re classe 25
Contrôleurs de 2e classe 25
Contrôleurs adjoints 10
____
80

TABLEAU I (1).

Relatif aux pensions de retraite des membres du corps du contrôle de l'administration de l'armée.

GRADES.	PENSIONS DE RETRAITE POUR ANCIENNETÉ.			PENSIONS DE RETRAITE POUR CAUSE DE BLESSURES OU INFIRMITÉS GRAVES OU INCURABLES.						PENSIONS des veuves.
	Minimum à 30 ans de service effectif.	Accroissement pour chaque année de service effectif au delà de 30 ans et pour chaque année résultant de la supputation des services.	Maximum à 30 ans de service campagnes comprises.	Amputation de deux membres ou perte totale de la vue.	Amputation d'un membre ou porte absolue de l'usage de deux membres.	Blessures ou infirmités graves qui occasionnent la perte de l'usage d'un membre ou qui y sont équivalentes.		Blessures ou infirmités moins graves qui mettent dans l'impossibilité de rester au service avant d'avoir accompli 30 ans de service		
						Minimum.	Maximum.	Minimum.	Maximum.	
	fr.	fr.	fr.	fr.	fr.	fr.	fr.	fr.	fr.	fr.
Contrôleur général de 1re classe..............	7.100	175	10.600	12.720	10.600	7.100	10.600	7.100	10.600	3.533
Contrôleur général de 2e classe................	6.100	100	8.100	9.720	8.100	6.100	8.100	6.100	8.100	2.700
Contrôleur de 1re classe.	4.600	75	6.100	7.320	6.100	4.600	6.100	4.600	6.100	2.033
Contrôleur de 2e classe.	3.800	65	5.100	6.120	5.100	3.800	5.100	3.800	5.100	1.700
Contrôleur adjoint........	3.100	50	4.100	4.920	4.100	3.100	4.100	3.100	4.100	1.466

(1) Ce tarif est applicable aux fonctionnaires du contrôle pourvus du grade servant de base à la liquidation de leur pension, antérieurement au 15 novembre 1892. Quant aux pensions concernant les fonctionnaires nommés ou promus depuis cette date, le tarif qui leur est applicable est celui contenu dans l'arrêté ministériel du 22 novembre 1882, *J. M.*, p. 471. Voir l'ouvrage : *Pensions et Secours*, prix 5 francs. Henri Charles-Lavauzelle, éditeur.

Loi modifiant la loi du 16 mars 1882 sur l'administration de l'armée et ayant pour but de donner une autonomie complète au service militaire de santé.

Paris, le 1er juillet 1889.

Le Sénat et la Chambre des députés ont adopté,

Le Président de la République promulgue la loi dont la teneur suit :

Art. 1er. Les modifications suivantes sont apportées à la loi du 16 mars 1882 sur l'administration de l'armée.

TITRE Ier.

DISPOSITIONS GÉNÉRALES.

ART. 4.

La délégation des crédits est faite par le Ministre aux directeurs des services, qui sont chargés de l'ordonnancement des dépenses.

Dans le service de l'intendance, les directeurs ont la faculté de sous-déléguer tout ou partie de leurs crédits aux fonctionnaires de l'intendance soumis à leur direction.

TITRE III.

DISPOSITIONS GÉNÉRALES DU SERVICE DE SANTÉ.

ART. 16.

Les directeurs du service de santé dans les corps d'armée, ainsi que les chefs du service de santé dans les hôpitaux, ambulances et établissements pharmaceutiques, sont pris parmi les membres du corps de santé militaire.

Les rapports de ces fonctionnaires entre eux et avec le commandement et les autres services sont réglés par les articles qui précèdent.

Ils ont, en ce qui concerne l'exécution du service de santé, autorité sur tout le personnel militaire et civil, attaché d'une manière permanente ou temporaire à leur service. Ils donnent des ordres en conséquence aux pharmaciens, aux officiers d'administration et aux infirmiers des hôpitaux et ambulances, ainsi qu'aux troupes des équipages militaires et aux hommes de troupe momentanément détachés auprès d'eux pour assurer le service de santé. Les infirmiers et les hommes de troupe ainsi détachés relèvent de leurs chefs de corps respectifs en ce qui concerne l'administration, la police et la discipline intérieures du corps.

Les prescriptions du directeur ou des chefs du service de santé sont exécutoires par le personnel chargé de la gestion dans la limite des règlements et des tarifs.

Ils peuvent, dans les cas urgents, prescrire sous leur responsabilité, même pécuniaire, des dépenses non prévues par les règlements; mais, en ce cas, ils donnent leurs ordres par écrit et en préviennent immédiatement le commandement.

ART. 17.

Les pharmaciens et officiers d'administration chargés d'exécuter les ordres du directeur ou des chefs du service de santé peuvent être rendus pécuniairement responsables du montant des dépenses non prévues par les règlements, pour lesquelles l'ordre écrit susmentionné ne leur aurait pas été délivré.

ART. 18.

Les directeurs du service de santé, dans les corps d'armée, ordonnancen toutes les dépenses de ce service. Ces directeurs, ainsi que les médecins chefs de service, vérifient la gestion en deniers et en matières des pharmaciens et officiers d'administration placés sous leurs ordres. Ils leur donnent directement des instructions pour la bonne tenue des écritures et l'observation des lois et règlements sur la comptabilité.

Le service de santé est également chargé, sous l'autorité du commandement, d'assurer la fourniture du matériel et des approvisionnements nécessaires aux hôpitaux et aux ambulances.

TITRE VI.

PERSONNEL.

CHAPITRE II.

SERVICE DE L'INTENDANCE MILITAIRE.

SECTION II.

OFFICIERS D'ADMINISTRATION DU SERVICE DE L'INTENDANCE.

ART. 32.

Le personnel des officiers d'administration du service de l'intendance forme un corps distinct.

Il y a une hiérarchie propre, réglée ainsi qu'il suit :
Officier d'administration adjoint de 2e classe ;
Officier d'administration adjoint de 1re classe ;
Officier d'administration de 2e classe ;
Officier d'administration de 1re classe ;
Officier d'administration principal.

Les officiers d'administration jouissent des bénéfices de la loi du 19 mai 1834 sur l'état des officiers.

ART. 33.

Les officiers d'administration du service de l'intendance sont répartis en trois sections, savoir :
1° Officiers d'administration des bureaux de l'intendance ;
2° Officiers d'administration des subsistances ;
3° Officiers d'administration de l'habillement et du campement.

Les officiers des trois sections peuvent être employés dans l'un ou l'autre de ces services, suivant les décisions du Ministre.

Le cadre constitutif du corps est fixé conformément aux tableaux B, C, D, annexés à la loi du 16 mars 1882.

CHAPITRE III.
SERVICE DE SANTÉ.

SECTION Ire.

CORPS DE SANTÉ MILITAIRE.

ART. 37 à 40.

Sans modifications.

SECTION II.

OFFICIERS D'ADMINISTRATION DU SERVICE DES HOPITAUX.

ART. 40 *bis*.

Le personnel des officiers d'administration du service des hôpitaux forme un corps distinct dont le cadre constitutif est fixé conformément au tableau E annexé à la loi du 16 mars 1882.

Ce corps a une hiérarchie propre, conforme à celle définie par l'article 32 pour les officiers d'administration du service de l'intendance.

Les officiers d'administration du service des hôpitaux se recrutent d'après les règles fixées par l'article 4.

En cas de mobilisation, les cadres des officiers d'administration du service des hôpitaux sont complétés par des officiers d'administration de réserve et de l'armée territoriale qui rempliront les conditions déterminées par un règlement ministériel.

CHAPITRE IV.

SECTIONS D'INFIRMIERS ET TROUPES D'ADMINISTRATION.

ART. 41.

Les sections d'infirmiers militaires sont au nombre de 25.

Le nombre des sections de commis et ouvriers militaires d'administration est également de 25.

Le Ministre détermine, d'après les besoins de chaque corps d'armée, les effectifs et les cadres de chaque section.

Les sections sont commandées et administrées par un officier d'administration de leur service.

En ce qui concerne la police et la discipline intérieure des corps, les sections d'infirmiers militaires sont placées sous l'autorité supérieure des médecins militaires, chefs du service de santé, et les sections de commis et ouvriers militaires d'administration sous celle des fonctionnaires de l'intendance, chefs des services administratifs.

Les sous-officiers des sections d'infirmiers, de commis et ouvriers d'administration concourent, avec les sous-officiers des corps de troupe d'infanterie, pour l'admission à l'Ecole militaire d'infanterie de Saint-Maixent.

Art. 2. Des décrets et des règlements ministériels pourvoiront à la complète exécution des dispositions contenues dans la présente loi.

Art. 3. Sont abrogées toutes les dispositions des lois, ordonnances, décrets et règlements contraires à la présente loi.

La présente loi, délibérée et adoptée par le Sénat et par la Chambre des députés, sera exécutée comme loi de l'Etat.

Fait à Paris, le 1er juillet 1889.

CARNOT.

Par le président de la République :

Le Ministre de la guerre,
C. DE FREYCINET.

TABLE DES MATIÈRES.